Cornelia Haas · Ulrich Renz

Min allra vackraste dröm

我最美的梦乡
Wǒ zuì měi de mèngxiāng

Tvåspråkig barnbok

med ljudbok och video online

Översättning:

Narona Thordsen (svenska)

王雁行 (Yanxing Wang) (kinesiska)

Ljudbok och video:

www.sefa-bilingual.com/bonus

Fri tillgång med lösenordet:

svenska: **BDSV2831**

kinesiska: **BDZH3517**

Lulu kan inte somna. Alla andra drömmer redan – hajen, elefanten, den lilla musen, draken, kängurun, riddaren, apan, piloten. Och lejonungen. Även björnen kan nästan inte hålla ögonen öppna ... Du björn, kan du ta med mig in i din dröm?

露露 睡 不着 觉。她周围 的 一切都 已
Lùlu shuì bù zháo jiào. Tā zhōuwéi de yíqiè dōu yǐ

进入梦乡。 小 鲨鱼，大象， 小 老鼠，
jìnrù mèngxiāng. Xiǎo shāyú, dàxiàng, xiǎo lǎoshǔ,

龙，袋鼠，骑士，小猴，宇航员， 还有
lóng, dàishǔ, qíshì, xiǎohóu, yǔhángyuán, háiyǒu

小 狮子。就是小熊 也是两 眼皮直
xiǎo shīzi. Jiù shì xiǎoxióng yě shì liǎng yǎnpí zhí

打架，快 撑 不住 了…
dǎjià, kuài chēng bú zhù le...

小熊， 带 我 一起去你的 梦乡， 好吗？
Xiǎoxióng, dài wǒ yíqǐ qù nǐ de mèngxiāng, hǎoma?

Och med det så finner sig Lulu i björnarnas drömland. Björnen fångar fisk i Tagayumisjön. Och Lulu undrar, vem skulle kunna bo där uppe i träden? När drömmen är slut vill Lulu uppleva ännu mer. Följ med, vi hälsar på hajen! Vad kan han drömma om?

话音未落,露露就到了小熊的梦乡。小熊在塔嘎禹迷湖里钓鱼。
Huàyīn wèi luò, Lùlu jiù dào le xiǎoxióng de mèngxiāng. Xiǎoxióng zài tǎgāyùmí hú lǐ diàoyú.

露露寻思着,这树上住的究竟是谁?从小熊的梦乡里出来,露露
Lùlu xúnsī zhe, zhè shù shàng zhù de jiūjìng shì shéi? Cóng xiaoxióng de mèngxiāng lǐ chūlái, Lùlu

还没玩够。来,我们一起去找小鲨鱼,看看它的梦乡里有什么。
hái méi wán gòu. Lái, wǒmen yìqǐ qù zhǎo xiǎo shāyú, kànkàn tā de mèngxiāng lǐ yǒu shénme.

Hajen leker tafatt med fiskarna. Äntligen har han vänner! Ingen är rädd för hans spetsiga tänder.

När drömmen är slut vill Lulu uppleva ännu mer. Följ med, vi hälsar på elefanten! Vad kan han drömma om?

小鲨鱼在和其他小鱼玩抓人游戏。小鲨鱼终于也有朋友了。
Xiǎo shāyú zài hé qítā xiǎoyú wán zhuārén yóuxì. Xiǎo shāyú zhōngyú yě yǒu péngyou le.

没人害怕它的尖牙了。从小鲨鱼的梦乡里出来，露露还没玩够。
Méi rén hàipà tā de jiānyá le. Cóng xiǎo shāyú de mèngxiāng lǐ chūlái, Lùlu hái méi wán gòu.

来，我们一起去找大象，看看它的梦乡里有什么。
Lái, wǒmen yìqǐ qù zhǎo dàxiàng, kànkàn tā de mèngxiāng lǐ yǒu shénme.

Elefanten är lika lätt som en fjäder och kan flyga! Snart landar han på den himmelska ängen.

När drömmen är slut vill Lulu uppleva ännu mer. Följ med, vi hälsar på den lilla musen! Vad kan hon drömma om?

大象竟然轻如羽毛,它还能飞!不久,大家都在天空草坪上登陆了。从大象的梦乡里出来,露露还没玩够。

来,我们一起去找小老鼠,看看它的梦乡里有什么。

Den lilla musen är på ett tivoli. Mest gillar hon berg- och dalbanan. När drömmen är slut vill Lulu uppleva ännu mer. Följ med, vi hälsar på draken. Vad kan hon drömma om?

小老鼠在游乐场里玩。它最喜欢的是过山车。
Xiǎolǎoshǔ zài yóulèchǎng lǐ wán. Tā zuì xǐhuān de shì guòshānchē.

从小老鼠的梦乡里出来,露露还没玩够。
Cóng xiǎo lǎoshǔ de mèngxiāng lǐ chūlái, Lùlu hái méi wán gòu.

来,我们一起去找龙,看看它的梦乡里有什么。
Lái, wǒmen yìqǐ qù zhǎo lóng, kànkàn tā de mèngxiāng lǐ yǒu shénme.

Draken är törstig av att ha sprutat eld. Hon skulle vilja dricka upp hela sockerdrickasjön.

När drömmen är slut vill Lulu uppleva ännu mer. Följ med, vi hälsar på kängurun! Vad kan hon drömma om?

龙喷火喷得口渴了。它真想一口气把汽水湖喝干。

从龙的梦乡里出来,露露还没玩够。

来,我们一起去找袋鼠,看看它的梦乡里有什么。

Kängurun hoppar genom godisfabriken och stoppar sin pung full. Ännu fler av de blåa karamellerna! Och ännu fler klubbor! Och choklad!

När drömmen är slut vill Lulu uppleva ännu mer. Följ med, vi hälsar på riddaren. Vad kan han drömma om?

袋鼠 在 糖果厂 里蹦达，它把胸前 的 袋子 塞得满满 的。再 多 拿点
Dàishǔ zài tángguǒchǎng lǐ bèngda, tā bǎ xiōngqián de dàizi sāi de mǎnmǎn de. Zài duō ná diǎn

蓝颜色 的 糖！还有 棒棒糖！ 还有 巧克力！从 袋鼠 的梦乡 里出来，
lányánsè de táng! Háiyǒu bàngbangtáng! Háiyǒu qiǎokèlì! Cóng dàishǔ de mèngxiāng lǐ chūlái,

露露还 没 玩 够。来，我们 一起去找 骑士，看看 他 的 梦乡 里有 什么。
Lùlu hái méi wán gòu. Lái, wǒmen yìqǐ qù zhǎo qíshì, kànkàn tā de mèngxiāng lǐ yǒu shénme.

Riddaren har tårtkrig med sin drömprinsessa. Oj! Gräddtårtan missar!
När drömmen är slut vill Lulu uppleva ännu mer. Följ med, vi hälsar på apan!
Vad kan han drömma om?

骑士正和他心目中的美丽公主互相扔蛋糕玩。

哎呀，奶油蛋糕扔偏了。从骑士的梦乡里出来，露露还没玩够。

来，我们一起去找小猴子，看看它的梦乡里有什么。

Äntligen har det snöat i aplandet! Hela apgänget är helt uppspelta och gör rackartyg.

När drömmen är slut vill Lulu uppleva ännu mer. Följ med, vi hälsar på piloten! I vilken dröm kan han ha landat i?

猴乡终于也下雪了。猴子们乐开了花。个个开始猴闹。
Hóuxiāng zhōngyú yě xiàxuě le. Hóuzi men lè kāi le huā. Gège kāishǐ hóunào.

从猴子的梦乡里出来,露露还没玩够。
Cóng hóuzi de mèngxiāng lǐ chūlái, Lùlu hái méi wán gòu.

来,我们一起去找宇航员,看看他的梦乡里有什么。
Lái, wǒmen yìqǐ qù zhǎo yǔhángyuán, kànkàn tā de mèngxiāng lǐ yǒu shénme.

Piloten flyger och flyger. Ända till världens ände och ännu längre, ända till stjärnorna. Ingen pilot har någonsin klarat av detta tidigare.
När drömmen är slut så är alla väldigt trötta och känner inte för att uppleva mycket mer. Men lejonungen vill de fortfarande hälsa på. Vad kan hon drömma om?

宇航员飞呀飞,飞到了世界的尽头。还继续往前,飞到了星星上。以前可还没人能飞得那么远呢。从宇航员的梦乡里出来,大家都累了,不想再玩了。但是还有小狮子呢。它的梦乡里又有什么呢?

Lejonungen har hemlängtan och vill tillbaka till sin varma mysiga säng.
Och de andra med.

Och där börjar ...

小狮子想家了。它想回到它热呼呼的被窝里。

大家也都开始想家了。

于是。。。

... Lulus
allra vackraste dröm.

。。。露露

... Lùlu

走进 了她最 美丽 的梦乡。

zǒujìn le tā zuì měilì de mèngxiāng.

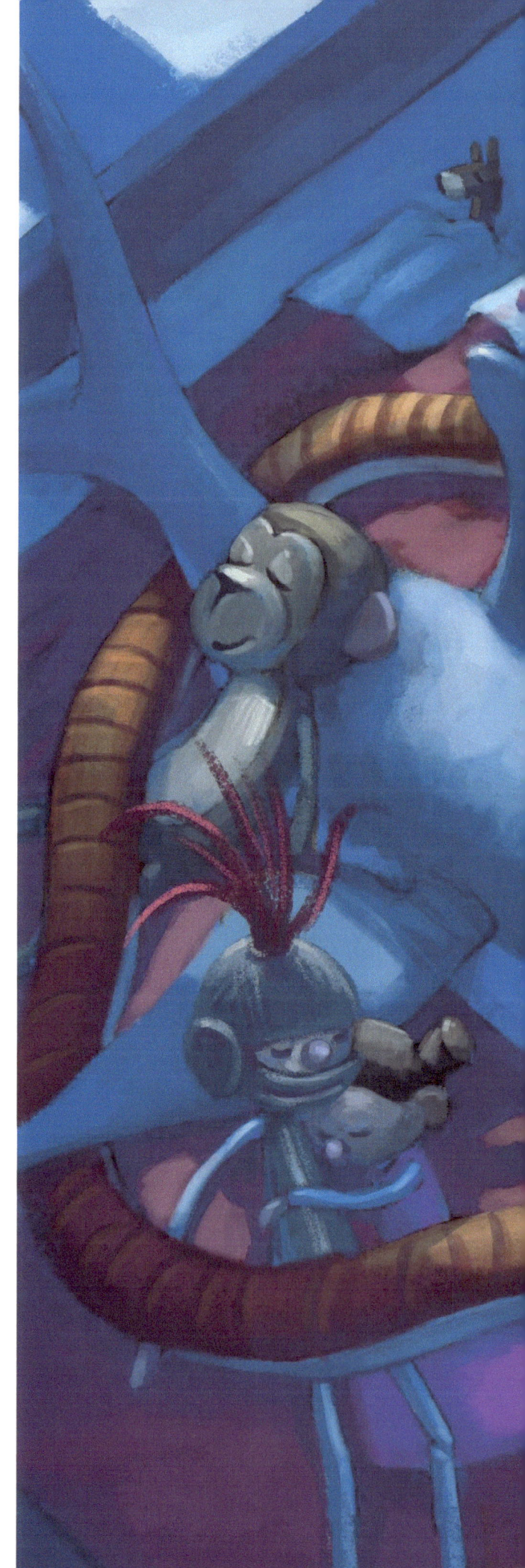

Cornelia Haas föddes 1972 nära Augsburg (Tyskland). Efter utbildningen som skylt- och ljusreklamtillverkare studerade hon design vid Münster yrkeshögskola och utexaminerades som diplom designer. Sedan 2001 illusterar hon barn- och ungdomsböcker, sedan 2013 undervisar hon i akryl- och digitalmålning vid Münster yrkeshögskola.

珂内丽亚 哈斯 1972年　出生于　德 国　奥格斯堡 市 附近 的 依辛豪森。
Kēnèilìyà　hāsī　1972 nián　chūshēng yú déguó àogésībǎo shì fùjìn de yīxīnháosēn.
就读并 毕业于 敏斯特 市 美术　设计高等　专科　学院。
Jiùdú bìn bìyè　yú mǐngsītè shì měishù shèjì gāoděng zhuānkē xuéyuàn.
自2001年　起从事　青少年　书籍 的 插图 绘画　工作。
Zì 2001 nián qǐ cóngshì qīngshàonián shūjí de chātú huìhuà gōngzuò.
自2003年　任教　于 敏斯特市 美术设　计　高等　专科　学院。
Zì 2003 nián rènjiào yú mǐngsītè　shì měishù shèjì gāoděng zhuānkē xuéyuàn.
课程　内容　为　水彩　和数码　绘画。
Kèchéng nèiróng wéi shuǐcǎi he shùmǎ huìhua.

www.cornelia-haas.de

Gillar du att måla?

Här kan du hitta bilderna från berättelsen för färgläggning:

www.sefa-bilingual.com/coloring

Sov gott, lilla vargen

För barn från 2 år

med ljudbok och video online

Tim kan inte sova. Hans lilla varg är borta! Glömde han den utomhus kanske?
Tom ger sig alldeles ensam ut i natten – och får oväntat sällskap...

Finns på dina språk?

▶ Fråga vår „språkassistent":

www.sefa-bilingual.com/languages

De vilda svanarna

Efter en saga av Hans Christian Andersen

För barn från 4-5 år

„De vilda svanarna" av Hans Christian Andersen är inte utan orsak en av värdelns mest lästa sagor. I tidlös form har den allt det som tema som mänskligt drama är gjort av: Rädsla, tapperhet, kärlek, förräderi, separation och återfinnande.

Finns på dina språk?

▶ Fråga vår „språkassistent":

www.sefa-bilingual.com/languages

© 2024 by Sefa Verlag Kirsten Bödeker, Lübeck, Germany

www.sefa-verlag.de

Special thanks to Paul Bödeker, Freiburg, Germany

Font: Noto Sans

All rights reserved. No part of this book may be reproduced without the written consent of the publisher

ISBN: 9783739962696